BETH YW BEICIO MYNYDD?

Gwefr beicio mynydd yw'r cyffro o rasio ar gyflymder mawr i lawr llwybr sydd ond yn ddigon llydan i un beiciwr, gan geisio dal eich ffrind sydd ar fin diflannu (neu geisio aros o flaen ffrind sy'n gwneud ei orau i'ch dal chi).

Mae'r math yma o reidio trac-sengl yn boblogaidd ymhlith beicwyr mynydd ar draws y byd. Ond mae sawl gwefr arall mewn beicio mynydd, wrth gwrs. Mae yna neidio, rasio i-lawr-rhiw, traws-gwlad, rasio *slalom* deuol, rasys cyfnewid 24 awr… mewn gwirionedd, gormod o wahanol fathau o feicio mynydd i'w rhestru yma.

Iaith Gyfrinachol Beicio Mynydd

Drop off	Disgyn yn fertigol neu bron yn fertigol.
Full-sus	Hongiad llawn *(full-suspension)*: beic sydd â hongiad ar yr olwynion blaen a'r cefn.
Hardtail	Beic sydd â ffyrc hongiad ar y blaen, ond cefn anhyblyg.
Llwybr tân	Llwybr llydan drwy goedwig, a gafodd ei adeiladu'n wreiddiol ar gyfer tryciau mawr neu ddiffoddwyr tân.
Rhyddreidio	Reidio i ble bynnag rydych eisiau; mae beicwyr rhyddreidio fel arfer yn ceisio dilyn y llwybrau mwyaf eithafol posib.
Slalom deuol	Pan fydd dau feiciwr yn rasio ochr yn ochr i lawr cwrs wedi ei baratoi ymlaen llaw.
Travel	Y symudiad sydd yn y system hongiad: byddai gan feic â'i ffyrc yn symud 80mm *travel* o 80mm.
Treialon	Lle mae beicwyr yn perfformio triciau ar eu beiciau wrth reidio o amgylch cwrs rhwystrau sydd wedi ei baratoi ymlaen llaw.

Beicwyr yn mwynhau diwrnod ymhell o'r ddinas.

'Rhyddid, dianc ac antur... dyna beth yw beicio mynydd. Pan fyddwch yn cyrraedd diwedd llwybr, yn edrych yn ôl ac yn dweud wrthych eich hun, "Wow! Dw i newydd wneud hwnna." Mae'n sicr yn gyrru'r adrenalin.' Gary Klein, arloeswr beicio mynydd, yn egluro pam y dechreuodd e feicio yn y lle cyntaf.

yn y Dechreuad

Dechreuodd beicio mynydd yn California. Casglodd grŵp o ffrindiau nifer o hen *beach cruisers* a gyrru i fyny i gopa'r mynydd lleol gyda'r beiciau yng nghefn tryc. Yna aethant ati i rasio'i gilydd i lawr. 'Mae hyn yn sbri: dewch inni ei wneud e eto!' meddylion nhw, a dyna ddechrau beicio mynydd. Cydiodd y syniad, a thuag ugain mlynedd yn ddiweddarach roedd mwy o feiciau mynydd yn cael eu gwerthu nag unrhyw fath arall o feic.

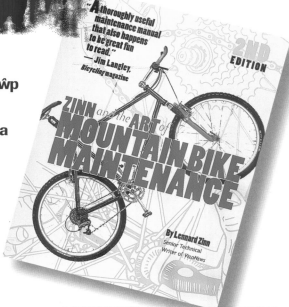

Arloeswyr Beicio Mynydd

Sylweddolodd y bobl ifainc a ddechreuodd feicio mynydd nad oedd y beiciau roedden nhw'n eu defnyddio yn rhai da iawn. Dechreuodd rhai ohonyn nhw adeiladu eu beiciau eu hunain. Y rhain, heddiw, yw rhai o'r enwau mwyaf yn y diwydiant beicio mynydd: Gary Fisher, Keith Bontrager, Tom Ritchey a Gary Klein. Maen nhw i gyd wedi rhoi eu henwau i gwmnïau llwyddiannus.

Egluro'r jargon

Coaster brakes Breciau sy'n rhan o'r olwyn gefn: rydych chi'n pedlo tuag yn ôl i arafu.

Beach cruiser Beic heb gerau; mae ganddo *coaster brakes*, ac olwynion mawr, tew.

Mae'r beiciau wedi newid ers dyddiau cynnar beicio mynydd, ond mae'r wefr yn dal yr un peth.

Taiwan

Mae'r rhan fwyaf o ffatrïoedd beicio mynydd y byd yn Taiwan. Mae dros hanner fframiau beiciau mynydd y byd yn cael eu hadeiladu yno ar hyn o bryd, a llawer o'r darnau eraill hefyd. Mae China wedi dechrau cystadlu'n frwd yn erbyn Taiwan, ac mae'n bosib y bydd Taiwan yn ail i China cyn bo hir.

Nefoedd
Hardtail

Mae'r rhan fwyaf o bobl, yn y rhan fwyaf o leoedd, yn reidio beic *hardtail*. Mae ganddyn nhw ffyrc hongiad ar y blaen, ond dim *travel* ar y cefn. Pam mae'r beiciau yma mor boblogaidd?

- 'Maen nhw'n rhatach.' Mae *hardtails* yn rhwyddach i'w hadeiladu ac mae llai o ddarnau. Cewch fwy o feic am eich arian.
- 'Rydych chi'n gwybod y gwnân nhw weithio.' Cafodd eu cynllun ei ddatblygu dros gyfnod o ddegawdau, felly oni bai am eithriadau prin iawn mae *hardtails* yn gweithio'n dda.
- 'Maen nhw'n gyflymach.' Roedd *hardtails* yn arfer cael eu hystyried yn gyflymach na beiciau hongiad-llawn dros dir amrywiol; mae llawer yn dadlau nad yw hyn yn wir bellach.

Y gwahaniaeth mwyaf yw bod y reid ar *hardtail* yn fwy uniongyrchol: gallwch deimlo'r ddaear oddi tanoch. Mae'n rhaid canolbwyntio'n fwy: bydd taro carreg ar ganol llwybr yn debygol o'ch taflu oddi ar y beic. Gall hyn ymddangos yn gyffrous neu'n beryglus, gan ddibynnu ar eich agwedd: dewis personol yw e.

- *Groupset:* 24 neu 27 gêr. Un cylch yn unig sydd gan rai beicwyr yn y blaen, ac 8 neu 9 gêr. Mae rhai pobl hyd yn oed yn reidio beiciau olwyn-gaeth cyflymder-sengl.

Beth Sydd Mewn Ffrâm?

Caiff fframiau eu gwneud o lawer o ddefnyddiau gwahanol, ond y tri defnydd pennaf yw:

Dur Llai poblogaidd nawr, ond defnydd ffrâm cryf sy'n 'rhoi' ychydig o dan bwysau.

Alwminiwm 6061 a 7005 yw'r mathau mwyaf cyffredin. Mae gan feiciau alwminiwm reid garw, anystwyth, ac maent yn fwy drud ond yn ysgafnach na dur.

Titaniwm Y drutaf o'r tri defnydd ffrâm yma, ond yn boblogaidd iawn gyda'r rhai all ei fforddio.

Hardtail modern nodweddiadol

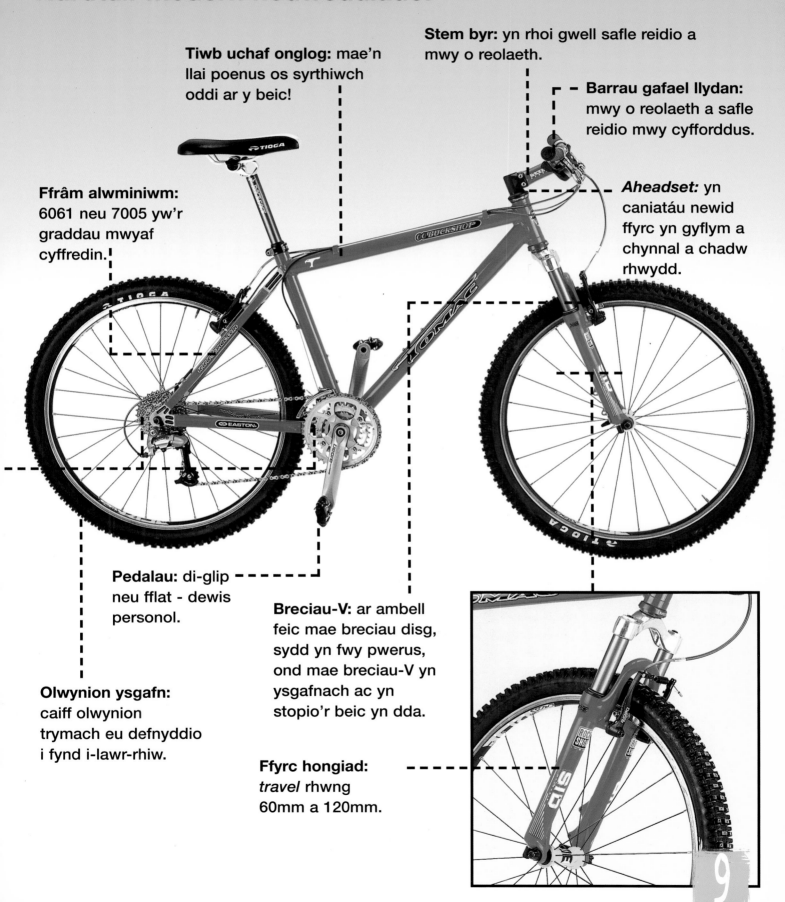

Tiwb uchaf onglog: mae'n llai poenus os syrthiwch oddi ar y beic!

Stem byr: yn rhoi gwell safle reidio a mwy o reolaeth.

Barrau gafael llydan: mwy o reolaeth a safle reidio mwy cyfforddus.

Ffrâm alwminiwm: 6061 neu 7005 yw'r graddau mwyaf cyffredin.

Aheadset: yn caniatáu newid ffyrc yn gyflym a chynnal a chadw rhwydd.

Pedalau: di-glip neu fflat - dewis personol.

Breciau-V: ar ambell feic mae breciau disg, sydd yn fwy pwerus, ond mae breciau-V yn ysgafnach ac yn stopio'r beic yn dda.

Olwynion ysgafn: caiff olwynion trymach eu defnyddio i fynd i-lawr-rhiw.

Ffyrc hongiad: *travel* rhwng 60mm a 120mm.

9

Hongiad Llawn

Heddiw rydych yn fwy tebygol o gwrdd â beic hongiad-llawn ar y llwybr nag erioed o'r blaen. Ar un adeg, beicwyr i-lawr-rhiw yn unig oedd yn eu reidio. Felly beth sydd wedi newid: pam mae beiciau hongiad-llawn mor boblogaidd heddiw?

- Mae beiciau traws-gwlad hongiad-llawn yn awr yn ysgafn iawn, iawn : rhyw un cilogram neu un cilogram a hanner yn drymach na'r *hardtail* cyfatebol, yn hytrach na phedwar cilogram neu fwy yn drymach.
- Mae reidwyr beiciau hongiad-llawn yn dadlau bod y gafael ychwanegol y mae'r hongiad yn ei roi yn eu gwneud yn gyflymach, er eu bod nhw ychydig yn drymach.
- Maent wedi eu cynllunio'n drwyadl: maen nhw'n effeithlon a gallwch eu prynu gan gwmnïau adnabyddus gyda'r hyder y bydd y beic yn gweithio.
- Maent yn fwy cyfforddus i'w reidio am ddiwrnod cyfan.

Sut i ddewis

Dyma ychydig o ganllawiau a allai eich helpu i ddewis eich beic hongiad-llawn cyntaf:

- Dewiswch feic sydd wedi ei wneud gan gwmni adnabyddus, yn ddelfrydol un rydych wedi reidio ei feiciau o'r blaen ac wedi eu hoffi.
- Dewiswch gynllun syml y gallwch ei osod a'i reidio heb orfod ffidlan ag e drwy'r amser.
- Gwnewch yn siwr eich bod yn profi'r beic yn gyntaf. Gwnaiff unrhyw siop dda adael i chi wneud hyn: mae gan rai fannau diogel oddi ar y ffordd y gallwch eu defnyddio.

Barrau gafael llydan i wella rheolaeth.

Sioc gefn: maent naill ai'n cynnwys sbring aer neu'n defnyddio sbring cryf i amsugno siociau.

Siociau blaen: mae angen cydbwysedd rhwng y rhain a'r sioc gefn, sy'n golygu bod angen i'r naill a'r llall ymddwyn yr un fath ac amsugno'r un lefel o sioc. Os na fydd y siociau'n gytbwys, bydd hi'n anoddach rheoli'r beic.

***Swing-arm* cefn:** gorau po ysgafnaf! Oni bai fod y *swing-arm* yn ysgafn, bydd y beic yn anodd i'w lusgo i fyny rhiw.

Uchder sefyll isel: yn fwy diogel mewn damweiniau.

Breciau-V

Colyn hongiad cefn: Dyma ran bwysicaf y cynllun: os bydd hwn yn y man anghywir, bydd y beic yn reidio'n rhyfedd iawn.

Pedalau di-glip neu fflat.

11

REIDIO:
Rhyddreidio

Ystyr 'rhyddreidio' yw mynd allan ar gefn eich beic a reidio dros, o gwmpas neu drwy beth bynnag rydych chi'n cwrdd ag e. Gallwch reidio i lawr rhiw, i fyny rhiw, i lawr *drop-offs*, drwy drac sengl, ar lwybrau tân neu'r llwybrau lleol, 50 milltir o'ch cartref - rhyddreidio yw hyn i gyd.

Rhestr wirio rhyddreidio (Freeride)

- ✓ Potel ddŵr neu fag cefn sy'n cario dŵr.
- ✓ Top diddos.
- ✓ Dillad cynnes - fflîs yw'r gorau am nad yw'n amsugno dŵr.
- ✓ Offer - *o leiaf:* cit trwsio olwyn, tiwb mewnol sbâr, torrwr cadwyn, liferi teiars, allweddi *allen*.
- ✓ Eli haul, os byddwch yn mynd allan ar ddiwrnod heulog.
- ✓ Menig cynnes a hat sy'n ffitio o dan eich helmed, os yw hi'n oer.

Yr hyn sy'n gwneud y math yma o reidio yn wahanol yw agwedd y beicwyr. Eithafol: dyna'r disgrifiad gorau mewn un gair. Os ydych allan yn rhyddreidio, dydych chi ddim yn chwilio am ddiwrnod tawel yng nghefn gwlad. Rydych chi'n chwilio am y rhuthr adrenalin mwyaf, yn edrych am y llwybrau cyflymaf, anoddaf a mwyaf serth.

Egluro'r jargon

Trac sengl Llwybr sy'n ddigon llydan ar gyfer un beic, ac un beic yn unig ar y tro. Cyffrous iawn: yn aml fedrwch chi ddim gweld yn bell o'ch blaen, bydd rhwystrau ar eich ffordd, a bydd rhaid i chi ymateb yn gyson i'r llwybr.

Beth i'w reidio

Does dim math arbennig o feic ar gyfer rhyddreidio, er bod gan y rhan fwyaf o feiciau hongiad blaen. Y peth pwysicaf yw gwneud yn siwr fod eich beic yn gryf ac yn ddiogel: wrth reidio llwybrau cyflym, arswydus, dydych chi ddim eisiau i'ch beic dorri!

REIDIO: I-lawr-rhiw

Mae'r wefr o ruthro mor gyflym â phosib drwy lôn gul yn y coed, neu ar draws mynydd ar lethr serth, agored, mor wefreiddiol ag eirfyrddio i lawr llethr serth neu syrffio ar donnau mawr. Croeso i feicio mynydd i-lawr-rhiw.

Mae llawer o feicwyr i-lawr-rhiw yn byw mewn canolfannau sgïo drwy'r haf. Mae dau reswm am hyn. Yn gyntaf, mae llethrau sgïo heb eira yn llwybrau perffaith ar gyfer beicio mynydd. Yn ail, mae lifftiau ar gael. Mae gan feiciau i-lawr-rhiw lawer iawn o *travel* ac maent yn drwm iawn, iawn, er mwyn rhoi mwy o afael iddynt. Maen nhw mor drwm, mae bron yn amhosib eu reidio i fyny rhiw: oni bai eich bod yn byw yn ymyl lifft sgïo, byddwch yn gwneud llawer iawn o wthio!

Padin i'r cefn

Gwarchodwyr penelin

Gwarchodwyr ysgwydd

Gwarchodwyr blaen y fraich

Padin i'r cluniau

Platiau plastig caled i warchod y corff.

Anne-Caroline Chausson

Enillodd y seren i-lawr-rhiw o Ffrainc ei seithfed jyrsi pencampwriaeth y byd ym 1999 yn Are, Sweden. 'Bob blwyddyn mae gen i fwy i'w golli na'r lleill. Bob blwyddyn byddaf yn meddwl ei bod hi'n bryd i mi fynd allan i gael fy jyrsi, a bydd y pwysau yn fwy - yn enwedig eleni, gan fod gen i dîm newydd. Ro'n i'n teimlo'r pwysau'n ofnadwy cyn y ras hon,' meddai ar ôl curo Katja Repo o'r Ffindir o 1.61 eiliad.

14

RHYBUDD!

Gall reidio i-lawr-rhiw fod yn beryglus iawn. Bydd reidwyr yn aml yn cerdded ar hyd eu llwybr sawl gwaith cyn mynd i lawr ar y beic, ac mae ganddynt wisg arbennig sy'n gwarchod eu corff o'u corun i'w sawdl, a helmed sy'n gorchuddio'r wyneb cyfan rhag ofn y cân nhw ddamwain. Mae unrhyw berson sy'n credu y gall reidio cwrs i-lawr-rhiw heb gynllunio'r llwybr yn fanwl yn debyg o gael ei anafu'n ddifrifol.

REIDIO:
Slalom Deuol

Mae *slalom* deuol yn debyg i rasio'ch ffrind o amgylch y goedwig leol, ar wahân i'r ffaith y gallech ennill cwpan ar y diwedd.

Brian Lopes – Brenin y Deuol

Un o reidwyr gorau'r byd yn y *slalom* deuol yw Brian Lopes o U.D.A. Fel y dywedodd y sylwebyddion ym Mhencampwriaethau'r Byd 1998: 'Yn y byd beicio, does neb tebyg iddo am gyflymu: does neb arall yn gyrru ei feic fel fe!'

Mewn *slalom* deuol go iawn mae dau reidiwr yn ceisio maeddu ei gilydd i waelod cwrs sydd wedi ei baratoi ar eu cyfer. Maent yn dechrau gyda'i gilydd, ac yn ceisio mynd drwy'r troeon a'r troadau cyn gynted â phosib. Mae cyrsiau *slalom* deuol fel arfer yn cynnwys neidiau, sydd weithiau yn rhai 'dwbl' a adeiladwyd yn arbennig – dwy domen o bridd a gynlluniwyd i adael i'r reidiwr mwyaf mentrus neidio ar draws y bwlch sydd rhyngddynt.

Does dim angen cwrs parod arbennig na threfnu cystadleuaeth swyddogol i rasio *slalom* deuol wrth gwrs: bydd unrhyw lwybr sydd yn ddigon llydan i ddau feic yn gwneud y tro. Gwahoddwch grŵp o ffrindiau a chymerwch eich tro i rasio'ch gilydd i lawr y llwybr. Dylai un ohonoch rasio ar y llaw chwith, a'r llall ar y llaw dde: y cyntaf i orffen fydd yn rasio enillydd y ras nesaf.

Rheolau *slalom* deuol

Os ydych yn bwriadu mynd allan gyda'ch ffrindiau i baratoi ras ddeuol, mae un neu ddau o bethau y dylech eu cofio:

● Mae gan bawb yr hawl i ddefnyddio llwybrau cyhoeddus. Gwnewch yn siwr nad oes neb yn defnyddio'r llwybr y byddwch yn rasio arno. Mae hyn yn golygu bod yn rhaid i chi allu gweld y llwybr cyfan o'r top, yn ogystal ag unrhyw le y gall pobl ymuno â'r llwybr.

● Rasiwch yn unig ar lwybrau lle mae caniatâd i feicwyr reidio.

● Os yw'r llwybr ar dir preifat, rhaid cael caniatâd y perchennog cyn rasio arno.

● Gwisgwch helmed!

Mae reidwyr *slalom* deuol yn ddidrugaredd wrth gystadlu yn erbyn ei gilydd ar y cwrs, ond byddant yn rhannu jôc ar ddiwedd y ras.

REIDIO: Rhyddreidio Trefol

Hoffech chi reidio wysg eich ochr ar hyd wal? I fyny ac i lawr boncyff coeden? Neu efallai mai hopian rhwng dau fwrdd picnic sydd orau gennych... beth bynnag, dyma fyd lloerig rhyddreidio trefol (*urban freeriding*).

Mae rhyddreidwyr trefol yn edrych ar y tirlun yn yr un modd â sglefrfyrddwyr: mae pob rhwystr yn gyfle i berfformio tric. Mae grisiau yno i reidio i lawr ar eu hyd; meinciau'r parc i neidio drostynt; waliau i wneud neidiau bwni drostynt; lonydd cul i wneud *wheelies*. Mae'n bwysig, serch hynny, ystyried pobl eraill. Does dim ots faint o sbort rydych yn ei gael, gwnewch yn siwr nad ydych yn difetha diwrnod rhywun arall drwy reidio'ch beic mewn man anaddas.

Chris Jones: Naid gris ffordd danddaearol

Alec Liell: *No-footed endo*

James McLintic: *Lip-hop cross-up*

Gavin Cummings: *Manual to kerb hop*

Ross Flack: Reid wal o amgylch ffrind (sy'n ymddiried ynddo)

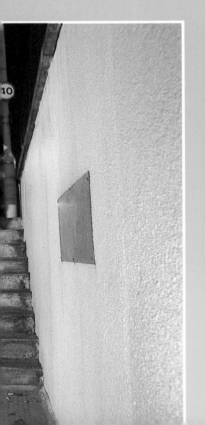

TECHNEG
rhiwiau

Mae gan wahanol reidwyr steiliau gwahanol o reidio: mae rhai yn llyfn iawn, ac eraill yn ymdrechu'n galed i yrru eu beiciau i fyny ac i lawr rhiw, fel petaent mewn ffeit. Mae'r rhan fwyaf o reidwyr rywle rhwng y ddau. Beth bynnag yw eich steil, prun a ydych chi'n mynd i fyny neu i lawr rhiw, mae ambell awgrym a all helpu hyd yn oed y reidwyr gorau i fynd yn gyflymach.

I-fyny-rhiw

DA – Ceisiwch aros ar eich eistedd ar lethrau serth: mae'n rhoi gwell gafael a chyflymiad mwy llyfn.

DRWG – Peidiwch â sefyll allan o'r sedd a gwthio'n galed ar y pedalau: bydd yr olwyn gefn yn llithro a byddwch yn blino'n gyflym.

DA – Cadwch gydbwysedd eich pwysau dros y beic: pwyswch tuag at y llethr a phlygwch eich breichiau i atal yr olwyn flaen rhag codi.

DRWG – Peidiwch â thynnu'n ôl yn galed ar y barrau gafael i geisio rhoi pŵer yn eich pedlo: y canlyniad fydd gwneud *wheelie* a glanio ar eich cefn.

Sut i'w wneud, uchod, a sut i beidio â'i wneud, yn bendant, ar y dde.

20

I-lawr-rhiw

DA – Gwisgwch rywbeth i atal eich llygaid rhag llenwi â dagrau; yna gallwch weld ble rydych chi'n mynd, sy'n beth da.

DA – Cadwch afael gadarn ar y barrau gafael.

DRWG – Peidiwch â cheisio newid gêr ar ddarn troellog neu anwastad i-lawr-rhiw neu byddwch yn sydyn iawn yn gorwedd yn y llwyni, yn gobeithio nad oes dim wedi ei dorri.

DA – Cadwch eich pwysau ar ganol y beic: mae hyn yn golygu symud eich pwysau yn ôl ar ddarnau mwy serth. Bydd y ddwy olwyn felly'n gafael yn gyson.

DRWG – Peidiwch â phwyso ymlaen; gallech hedfan dros y barrau gafael os byddwch yn taro rhywbeth.

DA – Rheolwch eich cyflymder wrth fynd i mewn i fannau anodd neu fannau lle na allwch weld beth sydd o'ch blaen.

DRWG – Peidiwch â chymryd yn ganiataol fod y darn sydd o'ch blaen mor rhwydd â'r darn rydych yn ei reidio nawr.

21

TECHNEG neidio

Mae ceisio gadael y ddaear yn fwriadol ar feic, sydd wedi ei gynllunio'n bennaf i aros ar y ddaear, yn swnio'n beth eithaf ffôl i'w wneud. Ond gall eich helpu i reidio'n fwy diogel: weithiau mae'n well neidio **dros ddarn anodd o dir** na reidio drosto. Er mwyn gwneud hyn, rhaid ymarfer. Ceisiwch neidio oddi ar balmant neu *drop-offs* y gallech eu reidio'n hawdd yn gyntaf, cyn symud ymlaen **at rwystrau mwy o faint.**

3 Glaniwch yn esmwyth, gyda gwên fawr.

2 Gadewch i'r olwyn gefn ddilyn yr un flaen oddi ar y ddaear.

1 Codwch yr olwyn flaen.

Nod pennaf rhai reidwyr/*crazies* yw neidio. Mae'r reidwyr hyn yn gwneud triciau gydag enwau fel *no-footer, no-handed seat grab* a'r gorau, *suicide air*. Bydd *crazies* neidio yn peryglu eu bywydau er mwyn cael llun trawiadol (fel y gwelwch o'r lluniau).

RHYBUDD

Mae neidio yn BERYGLUS. Cymerwch ofal os penderfynwch eich bod eisiau dysgu neidio, a gofynnwch am gymorth gan rywun sy'n gwybod beth mae'n ei wneud.

23

CYSTADLAETHAU

Bant â nhw! Reidwyr mewn ras **draws-gwlad** fawr yn Ffrainc.

Fel mewn pob math o chwaraeon, mae beicwyr mynydd bob amser yn awyddus i ddarganfod pwy yw'r gorau, ac mae cystadlu yn rhan bwysig o fyd beicio mynydd. Mae rasys lleol, rhanbarthol a rhyngwladol o bob math. Rasys traws-gwlad, i-lawr-rhiw, *slalom* deuol, treialon, neidio... os gallwch roi enw iddo, bydd cystadleuaeth iddo yn rhywle. Mae rasio traws-gwlad hyd yn oed yn rhan o'r gêmau Olympaidd.

Yn ddiweddar tyfodd cystadlaethau 'eraill', sydd ychydig yn wahanol i'r rhai traddodiadol. Ymlith y mwyaf poblogaidd o'r rhain y mae'r ras farathon 24 awr. Ras gyfnewid i dimau o reidwyr yw hon. Y tîm fydd wedi seiclo bellaf o fewn yr amser fydd yn ennill. Hefyd mae rasys antur triathlon yn tyfu'n fwy poblogaidd; mewn triathlon mae'r cystadleuwyr yn nofio mewn dŵr awyr-agored, yn reidio beic mynydd ac yn rhedeg ras draws-gwlad.

Michael Rasmussen

Mae Michael Rasmussen o Ddenmarc yn siarad 7 iaith : Almaeneg, Saesneg, Daneg, Sbaeneg, Eidaleg, Swedeg a Norwyeg. Atebodd gwestiynau'r wasg ymhob un ar ôl ennill pencampwriaeth draws-gwlad y byd yn Are, Sweden. Meddai: 'Mae ennill jyrsi pencampwriaeth y byd yn draddodiad arbennig o hyfryd ym myd chwaraeon, ac felly fe fu'n freuddwyd gen i erioed.'

Rasiwr mwdlyd sy'n falch ei fod wedi gorffen ei ras.

Cychwyn ras gyfnewid 24 awr trwy redeg.

Reidiwr Cyflymaf y Byd

Seren gyflymaf beicio mynydd, heb os nac oni bai, yw Nicholas 'Nico' Vouilloz o Ffrainc. Ar gychwyn pencampwriaethau'r byd ym 1999 (a gynhaliwyd yn Are, Sweden yn hwyr ym 1999) roedd Nico eisoes wedi ennill saith medal yn y pencampwriaethau byd iau a hŷn. Bu raid i un o'i wrthwynebwyr pennaf, Steve Peat o Loegr, dynnu allan cyn y ras, ond roedd Nico yn dal i wynebu un o'r cystadlaethau anoddaf erioed. Dyma beth ddigwyddodd:

Reidwyr cynnar: Yr Americanwyr Brian Lopes a Shaums March yw'r cyflymaf yn y rasys cynnar, gan osod amserau da.

Reidwyr hwyrach: Mae David Vazquez (Sbaen) yn croesi'r llinell mewn amser rhyfeddol o gyflym, sef 5.14. Yna mae Shaun Palmer (U.D.A.) yn gwneud ymdrech anhygoel: mae ar fin cipio'r safle cyntaf ond mae'n llithro ar y tarmac yn ymyl y llinell derfyn a chael damwain. Wps!

Reidwyr olaf: Mae Nico yn cychwyn ar y cwrs. Mae'n reidio'n llyfnach na phawb arall ac yn croesi'r llinell 10 eiliad yn gyflymach. Aiff ias i lawr cefnau y reidwyr sydd yn disgwyl rasio: prin y gall neb guro amser Nico. Dim ond Mickael Pascal (Ffrainc) ac Eric Carter (U.D.A.) sy'n dod yn agos, gan orffen yn ail a thrydydd. Mae Nico wedi ennill pencampwriaeth rasio i-lawr-rhiw y byd am yr **wythfed** tro.

Eisiau bod yn broffesiynol o hyd?

Nicholas Vouilloz yw'r reidiwr i-lawr-rhiw mwyaf llwyddiannus erioed. Dyma'r math mwyaf poblogaidd a chyffrous o feicio mynydd. Ond ym 1999 fe gollodd ef ei noddwr, Sunn, a bu raid iddo gystadlu mewn rasys heb gymorth tîm a heb ei dalu.

Waeth pa mor dda rydych chi, dyw bod yn feiciwr mynydd proffesiynol ddim yn ffordd hawdd o ennill bywoliaeth.

Dyma a ddywedodd Nico ar ôl ennill yn Sweden: 'Mae'n anhygoel ennill yma. Roedd y trac yn araf iawn ar y top ac roeddwn yn fodlon jest i aros ar y beic. Roeddwn yn siwr y byddai Mickael yn fy maeddu i.' Mae e wedi cystadlu mewn wyth pencampwriaeth ac ennill wyth: all unrhyw un faeddu Nico, tybed?

Cwrteisi a Diogelwch

Mae'r hwyl a'r cyffro yma yn wych, ond oni bai eich bod ar gwrs rasio, mae'n debyg y byddwch yn rhannu'r ardal reidio gyda phobl eraill sy'n mwynhau bod yn yr awyr agored. Mae rhai pethau y dylech eu gwneud i sicrhau nad ydych yn difetha'u hwyl nhw: gall fod yn dipyn o sioc pan fydd beic mynydd yn hedfan heibio ar 30 m.y.a. pan fyddwch yn mwynhau diwrnod tawel yn y wlad.

Mae gan feicwyr mynydd enw gwael yn barod, yn enwedig gyda cherddwyr. Dim ond trwy fod yn arbennig o gwrtais y gallwn ddechrau newid hyn. Os nad ydych yn credu bod hyn yn bwysig, rydych chi'n anghywir: os bydd pobl yn dal i ystyried beicwyr mynydd yn beryglus a hunanol, bydd y beicwyr yn cael eu gwahardd o fwy a mwy o leoedd. Yn y diwedd, fydd yna'r un lle da ar ôl i reidio.

Creu delwedd dda

- Reidiwch lle mae hawl gennych wneud hynny yn unig.
- Arafwch neu stopiwch bob tro rydych chi'n cwrdd â cherddwyr a cheffylau i osgoi codi braw arnynt: mae'n ddigon hawdd cyflymu eto, wedyn.
- Gwenwch ar bobl, a diolch i unrhyw un sy'n stopio er eich mwyn neu'n agor gât i chi.
- Mae'n syniad da cael cloch ar eich beic i rybuddio pobl eich bod yn mynd i'w pasio. Os nad oes gennych gloch, gwnaiff 'Esgusodwch fi' neu 'Gwyliwch, os gwelwch yn dda' y tro.

Rhestr wirio diogelwch

Edrychwch ar y blwch yn yr adran **Rhyddreidio**, ar dudalennau 12-13, am restr o'r pethau y dylech fynd â nhw gyda chi i feicio.

Llwybrau gydag arwyddion arbennig i feicwyr mynydd (mae VTT yn golygu 'beiciau pob-tirwedd' yn Ffrangeg) yn yr Alpau.

Beicio a'r amgylchedd

Ydy beiciau'n dda i'r amgylchedd? Ydyn, a nac ydyn. Dydyn nhw ddim yn llosgi tanwydd sy'n achosi llygredd, ond maent yn gallu cael effaith negyddol. Mae pawb sy'n defnyddio'r awyr agored - beicwyr, cerddwyr, rhedwyr, ceffylau - yn treulio ychydig o bridd wrth fynd heibio. Nid beiciau mynydd yw'r gwaethaf am wneud hyn, ond mae dau beth y gallwch ei wneud i leihau'r erydiad rydych chi'n ei achosi:

1 Cadwch at lwybrau sydd wedi'u marcio, fel y gall y rhai sy'n rheoli'r llwybrau reoli'r erydiad tir.

2 Ceisiwch beidio â sgidio ar eich beic: mae'r teiar, wrth lithro, yn rhwygo porfa a phridd yn rhydd.

Sut i beidio â'i wneud: pridd yw'r llwch yn y llun, a fydd yn cael ei chwythu i ffwrdd gan y gwynt.

Geirfa

Gair:	Yn golygu:	Dim yn golygu:
Adrenalin	Hormon a gynhyrchir gan eich corff ar adegau cyffrous.	Eli i drin briwiau bach a gawsoch yn y tŷ.
BMX	*Bicycle motocross.*	Mae Bili Morgan yn tynnu'n groes.
Lifft sgïo	Lifft sy'n cludo sgiwyr i fyny llethrau mynydd. Y math mwyaf cyffredin yw cadeiriau yn sownd wrth gebl, a chabanau.	Un o gampau codwyr pwysau sy'n byw yn y mynyddoedd.
Motocross	Rasio beic modur o amgylch cwrs arbennig oddi ar y ffordd.	Perchennog garej crac.
Naid bwni	Naid fach mae beicwyr mynydd yn ei defnyddio i fynd dros rwystrau.	Naid gan anifail bach â chwt wen.
Noddwr	Unigolyn neu gwmni sy'n talu i fabolgampwr gystadlu ac yn cael cyhoeddusrwydd am wneud hynny.	Prinder dŵr.
Pedalau di-glip	Pedalau sy'n cydio wrth wadn eich esgid gan ddefnyddio clamp.	(Yn rhyfedd iawn) pedalau heb glip, gan eu *bod* nhw'n clipio wrth eich traed.
Sioc	Uned hongiad sy'n gadael i'r olwynion symud i fyny ac i lawr o dan wasgedd.	Ofn a achosir gan feiciwr mynydd yn gwibio heibio.
Trawsblannu	Symud rhywbeth o un man i fan arall. Bydd garddwr yn trawsblannu planhigion o'r naill ran o'r ardd i'r llall.	Plannu gwallt ar ben person moel.
Wheelie	Reidio gydag olwyn flaen eich beic yn yr awyr.	Dyn â phen siâp olwyn.

Llyfrau i'w darllen

Yr unig lyfr diweddar arall am feicio mynydd yn arbennig ar gyfer pobl ifainc yw Campau Eithafol: *Beicio Mynydd* (Drake,2002). Mae llyfrau cyffredinol da i'w cael: bydd gan siopau offer awyr-agored, siopau beicio a siopau teithio arbenigol amrywiaeth o lyfrau am sut i gynnal a chadw beic a lle i feicio.

Cylchgronau

Mae llawer o gylchgronau beicio mynydd: dau o'r goreuon yw *mbr* a *Mountain Biking UK*. Daeth y lluniau yn y llyfr hwn o *mbr*.

Y Rhyngrwyd

Mae nifer o safleoedd prynu ar y rhyngrwyd, ac mae gan y rhan fwyaf o wneuthurwyr wefan lle cewch wybodaeth am eu cynnyrch.

Pencampwyr Byd 1999

Gornest	Enillydd	(Gwlad)
Traws-gwlad *Espoir*, Dynion	Marco Bui	(Yr Eidal)
Traws-gwlad Iau, Dynion	Nicolas Filippi	(Ffrainc)
Traws-gwlad Iau, Merched	Anna Szafraniec	(Gwlad Pwyl)
I-lawr-rhiw Iau, Dynion	Nathan Rennie	(Awstralia)
I-lawr-rhiw Iau, Merched	Sabrina Jonnier	(Ffrainc)
Traws-gwlad Hŷn, Dynion	Michael Rasmussen	(Denmarc)
Traws-gwlad Hŷn, Merched	Margarita Fullana	(Sbaen)
I-lawr-rhiw Hŷn, Dynion	Nicolas Vouilloz	(Ffrainc)
I-lawr-rhiw Hŷn, Merched	Anne-Caroline Chausson	(Ffrainc)

Mynegai

Cydnabyddiaeth Lluniau
Dymuna'r cyhoeddwyr ddiolch i'r canlynol am roi eu caniatâd i ddefnyddio eu lluniau yn y llyfr hwn: darparwyd pob llun gan John Kitchiner/cylchgrawn *mbr*.